D1222203

MARCO POLO

Título original: MARCO POLO: THE BODY WHO TRAVELED THE MEDIEVAL WORLD
Concebido y diseñado por Marshall Editions
The Old Brewery, 6 Blundell Street, London N7 9BH, U. K.

© 2006, Marshall Editions

De esta edición:
© 2006, Santillana de Ediciones Generales, S.L.
Torrelaguna, 60. 28043 Madrid
Teléfono: 91 744 90 60

Adaptación del inglés: CÁLAMO&CRAN, S.L.
Traducción: Wendy P. López
Edición y corrección: Jimena Licitra

Aguilar, Altea, Taurus, Alfaguara, S.A. de Ediciones
Avda Leandro N. Alem 720 C1001AAP, Buenos Aires. Argentina

Editorial Santillana, S.A. de C.V.
Avda Universidad, 767. Col. del Valle,
México D.F. C.P. 03100 México

Distribuidora y Editora Aguilar, Altea, Taurus, Alfaguara, S.A.
Calle 80, n° 10-23 Bogotá. Colombia

ISBN: 84-372-2470-5 / 970-770-763-1

Printed and bound in China by Midas Printing Limited / Impreso y encuadernado en China por Midas Printing Limited
Todos los derechos reservados

Queda prohibida, salvo excepción prevista en la ley, cualquier forma de reproducción, distribución,
comunicación pública y transformación de esta obra sin contar con autorización de los titulares de propiedad intelectual.
La infracción de los derechos mencionados puede ser constitutiva de delito contra la propiedad intelectual (arts. 270 y sgts. del Código Penal).

www.alfaguarainfantilyjuvenil.com
www.editorialaltea.com.mx

Página anterior: Imagen de Marco Polo en una medalla del siglo XIX que conmemora sus viajes.
Portadilla: Ilustración medieval que muestra a Niccolo, Maffeo y Marco Polo partiendo de Venecia
en 1271.

MARCO POLO

EL JOVEN QUE VIAJÓ POR EL MUNDO MEDIEVAL

NICK McCARTY

Altea

CONTENIDO

UN JOVEN DE VENECIA

1

LOS PREPARATIVOS

2

EL LARGO VIAJE

3

AL SERVICIO DE KUBLAI KAN

4

UN JOVEN DE VENECIA

1

Nacimiento y pérdida

Es posible que Marco Polo sea el explorador más famoso que ha existido. Su historia ha llegado hasta nuestros días gracias al libro que escribió: *Los viajes de Marco Polo*.

Página anterior: Basílica de San Marcos, en Venecia. San Marcos es el patrón de la ciudad. La iglesia comenzó a construirse en 1063 y tiene cinco grandes cúpulas doradas.

Abajo: Mapa de la ciudad de Venecia. En él, pueden verse los barcos comerciales y las góndolas en el puerto.

Niccolo, padre de Marco Polo, era comerciante y vivía en el puerto italiano de Venecia. A finales de 1253, y estando su esposa embarazada, Niccolo y su hermano Maffeo partieron hacia Constantinopla, actual Estambul, en Turquía, para hacer negocios. En 1254, mientras Niccolo estaba de viaje, su mujer dio a luz a un niño al que llamó Marco. Se cuenta que ella murió poco después del parto y que el niño quedó al cuidado de sus tíos. No se sabe si Marco Polo tuvo hermanos o hermanas.

1234

Los mongoles de Asia central invaden el Imperio Jin, que controlaba gran parte de la actual China.

1248–1254

Comienza la Séptima Cruzada. Venecia se enriquece suministrando armas y comida a los ejércitos cristianos.

Abajo: En este patio, llamado la Corte del Milione, vivía la familia de Marco Polo en una casa parecida a las de la foto. La vivienda fue destruida por un incendio en 1596.

La Ruta de la Seda

Esta antigua ruta que siguieron los Polo se extiende a lo largo de 6 500 kilómetros, desde China hasta Europa. Era una de las principales arterias comerciales de aquel tiempo. Se llamaba "Ruta de la Seda" porque, entonces, la seda era el material más valioso con el que se podía comerciar.

Los años pasaron sin que la familia recibiera noticias de Niccolo ni de Maffeo. En aquella época, era habitual perderle la pista a los que salían de viaje o que éstos no regresaran nunca. Es posible que Marco oyera historias sobre los retos a los que se enfrentaban los hombres como su padre en sus viajes: piratas, guerras, enfermedades e inundaciones.

Como era hijo de un próspero comerciante, Marco creció rodeado de todo tipo de comodidades. Venecia era una ciudad poderosa, cuya riqueza emanaba de los intercambios comerciales que mantenía con otras tierras alrededor del Mediterráneo, Asia y África.

Las plazas de la ciudad rebosaban de mercaderes procedentes de todos los rincones del Mediterráneo y otros países. Es posible que Marco les preguntara alguna vez si habían conocido a su padre o a su tío. Por desgracia, la respuesta fue negativa durante muchos años.

1253
Niccolo y Maffeo Polo parten hacia Constantinopla desde Venecia.

1254
Marco Polo nace en Venecia. Fallece su madre.

Niccolo y Maffeo

En 1253, Niccolo y Maffeo partieron en barco hacia Constantinopla. Esta gran ciudad se levantaba en uno de los núcleos comerciales más importantes del mundo entonces conocido. Desde allí, los comerciantes viajaban hacia la India, en el este, e Inglaterra, en el oeste.

En el año 1259, tras pasar seis años trabajando en Constantinopla, los hermanos Polo habían conseguido reunir una buena colección de piedras preciosas. Se desplazaron entonces a las tierras del este, que estaban bajo el control de los mongoles. Se cuenta que al poco tiempo de llegar, decidieron volver a Constantinopla, pero las disputas fronterizas entre dos principados mongoles les impidieron regresar.

No tuvieron más remedio que seguir hacia delante y continuar comerciando.

Niccolo y Maffeo Polo viajaron durante semanas. Entraron en contacto con otros pueblos famosos por su espíritu comerciante, como los árabes, griegos, genoveses y otros mercaderes de Venecia. Comerciaban con sal, pieles y esclavos. Al final, los hermanos Polo se alejaron de las principales rutas comerciales y se

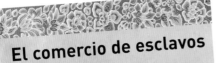

El comercio de esclavos

Cientos de hombres, mujeres y niños de Europa y Asia, así como de África, fueron vendidos en los mercados de esclavos de Venecia, en Europa, hasta Timbuktu, en África y Bokhara, en Asia central. Estos esclavos eran vendidos a ricos comerciantes y dirigentes de Europa y Oriente Medio. Marco Polo tuvo un esclavo mongol llamado Pedro. Cuando Marco murió, en su testamento le concedió la libertad a Pedro.

1260
Kublai Kan es nombrado Gran Kan por los ejércitos mongoles en Shang-du, China.

1260
Finaliza la construcción de la catedral de Notre Dame de Chartres, Francia, uno de los edificios más importantes de la Edad Media.

Izquierda: Niccolo y Maffeo Polo conocen al gran Kublai Kan. Esta ilustración en miniatura fue hecha en París en 1412. Los ilustradores europeos dibujaban a los mongoles con rasgos europeos y piel blanca porque nunca habían visto a nadie de Asia central.

dedicaron a comerciar con artículos fácilmente transportables, como el oro, las piedras preciosas y las especias.

Los hermanos Polo llegaron a las tierras en las que Barka Kan, líder mongol, se había asentado con su pueblo para pasar el verano. Se encontraban en Serai, cerca del río Volga, en la actual Astracán. Les vendieron las piedras preciosas que transportaban por el doble del precio que ellos mismos habían pagado y Barka Kan tomó a los dos comerciantes bajo su protección. Pasado un año, los hermanos viajaron hasta Bokhara, en Uzbekistán, donde los mercados rebosaban de piezas de porcelana y marfil, alfombras, seda, orfebrería y especias. La escasez de estos productos en Europa los hacía aún más valiosos. Los hermanos Polo pasaron tres años en esta ciudad.

Después, aceptaron la invitación del jefe de la tribu local, o kan, para reunirse con el gran Kublai Kan, el dirigente de los mongoles, que había derrotado a los chinos y gobernaba la mayor parte de sus tierras. Marco Polo escribió tiempo después: "El Gran Kan nunca ha visto un latino [europeo], y hacerlo era uno de sus mayores deseos". Corría el año 1264.

1261

Los hermanos Polo permanecen con Barka Kan y viajan luego a Bokhara, en Asia central.

1261

El Imperio bizantino vuelve a ocupar Constantinopla.

Estudios y diversión

Mientras su padre estaba de viaje, Marco y su familia permanecían en Venecia. Se sabe muy poco acerca de la infancia de Marco Polo. Los historiadores creen que, al ser hijo de una familia de comerciantes, aprendió a leer, a escribir, sumar y restar.

Es posible que Marco aprendiera a leer y a escribir en alguna de las pequeñas escuelas dirigidas por las iglesias de la ciudad o gracias a la ayuda del encargado del negocio familiar o su tía. Después de estudiar, es posible que saliera con sus primos a pasear por los canales de la ciudad, así como por sus estrechas calles y patios, o a navegar por el Gran Canal, la principal vía de Venecia, y admirar la belleza de la basílica de San Marcos, símbolo de las riquezas de la ciudad.

Los jugadores y los comerciantes solían reunirse cerca de los muelles. Allí, se exhibía a los muertos y a los criminales ejecutados

Abajo: Versión moderna de la barcaza que el *dux* (dirigente) de Venecia sigue utilizando durante las celebraciones del Día de la Ascensión en Venecia.

1263
Los venecianos derrotan a los genoveses en una batalla naval.

1264
Kublai derrota a su rival y es nombrado Gran Kan, poniendo fin así a la guerra civil.

por las autoridades. Dentro de las murallas que rodeaban el Almirantazgo, los artesanos se esmeraban en construir galeras, barcos mercantes y buques de guerra.

Los días de fiesta, la gente solía acudir a las procesiones de los gremios y tomaba parte en las ceremonias religiosas. En época de celebraciones, el *dux*, dirigente de Venecia, hacía su aparición a bordo de una magnífica embarcación roja y lanzaba un anillo de oro al mar para representar la unión de Venecia con las aguas. Muchos jóvenes se reunían luego en las celebraciones y las fiestas.

En la Edad Media, las jóvenes no gozaban de mucha libertad y, en lugar de salir a divertirse por las calles, tenían que permanecer en casa ayudando a su madre en las tareas domésticas. En las familias que no disponían de abundantes recursos, los hijos rara vez tenían la posibilidad de ir al colegio: tenían que ponerse a trabajar desde que eran muy jóvenes.

Arriba: Representación en piedra de un maestro y sus pupilos.

Los gondoleros

Los barqueros que empujan las tradicionales embarcaciones venecianas con la ayuda de un palo a través de los canales se llaman gondoleros. Según la leyenda, éstos nacen con los pies alados. Las góndolas tradicionales se fabrican a mano con hasta ocho tipos distintos de madera. Se puede tardar hasta tres meses en construir una y, actualmente, su coste asciende a unos 16 000 euros.

1265
Niccolo y Maffeo Polo conocen a Kublai Kan.

1265
Nace en Florencia, Italia, el gran poeta Dante Alighieri.

Venecia

Venecia se encuentra en el noroeste del mar Adriático. En los tiempos de Marco Polo, era el centro de un gran imperio comercial. Desde allí, partían rutas hacia Europa, en el oeste, Rusia, en el norte, Asia, en el este, y a través del Mediterráneo hacia Tierra Santa, Arabia y el Norte de África. Venecia fue fundada en el siglo VI por los pueblos que buscaban refugio de las invasiones de los godos procedentes de Escandinavia. El enclave era perfecto, pues ofrecía la protección de las marismas y distintas islas. Pronto, los venecianos sustituyeron sus casas de madera por otras de piedra. Para evitar que se hundieran en las aguas, levantaron plataformas sobre pilares de 7 a 8 metros para sujetarlas. Aún hoy perduran.

Arriba: Mapa de Venecia que muestra la línea del Gran Canal, los barcos apostados en el puerto y las islas. Las "calles" de la ciudad son los amplios canales, como el Gran Canal, y las vías navegables más estrechas que los conectan. La entrada principal de los edificios más importantes tiene salida al agua.

Izquierda: Plato de cristal ricamente decorado hecho en la isla de Murano, Venecia. Murano y el resto de Venecia son lugares famosos en todo el mundo por sus cristales decorados.

Izquierda: Interior de la magnífica basílica de San Marcos, que se levanta en el corazón de Venecia. Comenzó a construirse en 1063. En su interior, las paredes están recubiertas de mosaicos que relatan escenas de la Biblia y de la vida de San Marcos. Cuando Marco Polo era un niño, la iglesia estaba en pleno trabajo de ampliación.

Derecha: Encuadernación ornamentada que recoge los estatutos, o leyes, de uno de los gremios de Venecia. La imagen del barco rodeado por los rayos del sol sugiere que se trataba de los estatutos del gremio de constructores de barcos. En tiempos de Marco Polo, los artesanos que construían barcos trabajaban con cristal, pintaban, cosían, hacían joyas, vino u otros productos: formaban asociaciones llamadas gremios para proteger sus intereses.

Niccolo y Maffeo regresan

En China, los hermanos Polo fueron recibidos por Kublai Kan, que tenía mucha curiosidad por saber cómo era el resto del mundo. Según las notas de Marco, preguntaba "sobre todo por el Papa, los asuntos de la Iglesia, la devoción religiosa y las creencias de los cristianos".

A Kublai Kan le gustaba la compañía de los Polo y los invitó en varias ocasiones a su corte en Khanbaliq (actual Beijing) en los dos años que pasaron en China. Como era de esperar, tras tantos años fuera de casa, los hermanos querían regresar a Venecia. Kublai Kan les dio un pasaporte especial a cambio de que regresaran con un magnífico regalo. El pasaporte era una tabla de oro con el sello de Kublai, que les garantizaba que recibirían todas las atenciones posibles en los países que atravesaran.

Los hermanos comenzaron así un viaje de cientos de kilómetros a través de montañas y

Arriba: Astrolabio hecho por los árabes en 1216. Estos instrumentos se utilizaban para determinar la posición de las estrellas y los planetas. Con esta información, los viajeros podían saber dónde estaban y cuál era el camino que debían seguir.

1266
Kublai Kan establece la capital de su imperio en la ciudad de Khanbaliq (Ciudad del Gran Kan).

1268
Fallece el papa Clemente IV. Transcurren tres años hasta que un nuevo papa es elegido.

desiertos. Fue un largo viaje de tres años en el que tuvieron que enfrentarse a tormentas, nevadas, inundaciones, puentes rotos y pasos de montaña inaccesibles.

Los Polo habían prometido llevarle al Papa, que estaba en Roma, un mensaje de Kublai Kan. Pero cuando llegaron a San Juan de Acre, puerto del Mediterráneo, se enteraron de que el Papa había muerto. Por lo tanto, decidieron navegar directamente hasta Venecia para ver a sus familias.

Finalmente, los hermanos llegaron a su ciudad. Era el año 1269. Niccolo Polo no sabía que su mujer había muerto, ni que tenía un hijo de quince años.

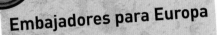

Embajadores para Europa

Kublai Kan sentía una gran curiosidad por el mundo. Los Polo llevaban consigo mensajes del Kan para el rey de Francia y el Papa. Con los hermanos viajaba también un embajador mongol. Por desgracia, éste cayó enfermo durante el viaje y los hermanos se vieron obligados a proseguir sin él.

Izquierda: Un marinero emplea un astrolabio (a la izquierda) en una ilustración medieval. Es posible que los marineros también utilizaran brújulas magnéticas, que habían llegado a Europa desde China en 1187. Los mapas de la época a veces eran incorrectos, pues las técnicas de cartografía eran muy elementales y se basaban, en muchos casos, en intuiciones.

1269
Nace el artista chino Huang Kung-Wang, famoso por sus paisajes.

Abril o mayo de 1269
Niccolo y Maffeo Polo regresan a Venecia tras una ausencia de 15 años.

LOS PREPARATIVOS

2

Mercaderes de Venecia

La vuelta a casa de Niccolo y Maffeo, en abril o mayo de 1269, fue tan sólo una pausa en sus aventuras por el mundo. Al poco tiempo de llegar a Venecia, empezaron a preparar su próximo viaje a China. En esta ocasión, decidieron llevar consigo al joven Marco Polo.

Al pertenecer a una familia de comerciantes, lo normal era que Marco Polo acompañara a su padre en el siguiente viaje para aprender el oficio. En la Edad Media, los jóvenes empezaban a trabajar mucho antes que en nuestros días. Marco tenía mucho que aprender de Niccolo, como todas las destrezas necesarias para poder comerciar en el extranjero. Además, Niccolo tenía que hacerse a la idea de que ahora tenía un hijo, y Marco, por su parte, tenía que aprender a tratar a un padre que acababa de conocer. Lo más seguro es que Niccolo y Maffeo le contaran al joven Marco todas las aventuras de sus viajes.

Página anterior: Ilustración medieval que muestra una calle donde los comerciantes de telas y muebles venden sus artículos.

Izquierda: Ilustración de una mirística, cuyo fruto, la nuez moscada, se usaba para dar sabor a las comidas. La nuez moscada se traía de la India y era muy valiosa. A la derecha, un mercader pesa las semillas.

1270
Se inicia la Octava Cruzada, liderada por Luis IX de Francia, para recuperar Tierra Santa de los musulmanes.

1270
Nace el gran pintor Giotto.

Producción en línea

En el astillero de Venecia, conocido como el Almirantazgo, podía terminarse un barco en tan solo dos horas. Una vez, un cliente encargó un barco y, al terminar su almuerzo, el galeón estaba camino del agua.

Venecia era un inmenso almacén de productos exóticos procedentes de oriente, África y los inexplorados bosques de Rusia. Los artículos más valorados eran la seda, las especias y las piedras preciosas. En las ciudades europeas se pagaban grandes sumas de dinero por los artículos de seda. Las especias se usaban para conservar todo tipo de cosas, desde carne y pescado hasta los cuerpos embalsamados de los más ricos. La pimienta, la mirra, el incienso, el azafrán, el clavo, el jengibre y la nuez moscada se vendían bien en los mercados de Venecia y, desde allí, se extendieron al resto de Europa. Las piedras preciosas pasaban por las manos de expertos pulidores de gemas, antes de ser adquiridas por los más poderosos.

Es posible que Niccolo y Maffeo acabaran aburriéndose de las casas de cambio venecianas. Además, no habían olvidado la promesa que le habían hecho a Kublai Kan tres años antes.

Izquierda: Al igual que ocurre en la actualidad, lo mercaderes atraían a los clientes mostrándoles sus artículos. En esta ilustración, un vendedor, posiblemente de Asia, habla de las ventajas de su alfombra.

1270

La Octava Cruzada se desvía a Túnez, en el Norte de África.

1270

Fracasa la Octava Cruzada a causa de la peste. Luis IX de Francia muere en Túnez.

Cumplir una promesa

Los hermanos Polo lo tenían todo preparado para regresar a China. Irían de Venecia hasta San Juan de Acre. Allí tenían negocios que hacer con el enviado papal, Teobaldo de Piacenza, que tomaba parte en la cruzada para recuperar Tierra Santa de los musulmanes. Desde allí, emprenderían camino a China, para cumplir con la promesa de regresar a los dominios de Kublai Kan.

Kublai les había pedido a los hermanos que le llevaran al mismísimo papa hasta Khanbaliq. Los Polo le habían dicho que, tal vez, su deseo no fuera posible, así que Kublai dijo que aceptaría, a cambio, la visita de cien sacerdotes cristianos. También quería un poco del aceite de la lámpara que ardía constantemente en el Santo Sepulcro de Jerusalén.

La madre de Kublai Kan era cristiana nestoriana. Un sacerdote cristiano que había llegado hasta las tierras controladas por las tribus mongolas la había convertido a esta religión. Aunque el Kan era budista, tenía gran curiosidad por conocer la fe cristiana. Kublai Kan era un hombre de mentalidad muy abierta. En su corte, era posible encontrar sacerdotes y monjes de muchas religiones. Tanto budistas como musulmanes, cristianos o judíos vivían allí en armonía.

Cristianos nestorianos

La iglesia nestoriana era una secta o grupo de cristianos que adquirió importancia en Asia. Sus iglesias se extendían desde Jerusalén hasta Khanbaliq. La secta fue fundada por Nestorius, obispo de Constantinopla, en el siglo V.

1271
El príncipe Eduardo de Inglaterra lidera una cruzada en San Juan de Acre.

Verano de 1271
Los Polo parten de Venecia.

Las únicas religiones que no aceptaba u honraba eran las que ofrecían sacrificios humanos.

El papa Clemente IV había muerto en 1268 y, durante los tres años siguientes, se mantuvieron debates sobre quién había de sucederlo. Los hermanos Polo esperaban que el archidiácono Teobaldo de Piacenza, a quien conocían personalmente, pudiera ayudarlos a cumplir su promesa.

Entretanto, Marco se preparaba para un viaje que parecía no tener fin. Ninguno de ellos sabía cuánto tiempo pasaría fuera de casa. Consigo llevaban ropa de cama, alimentos, cacerolas, agua, vino y un baúl de ropa. El cargamento incluía también carne salada, quesos, cebollas y ajos. Cocinar a bordo de un barco era una tarea difícil porque se corría el riesgo de provocar un incendio.

Derecha: La Iglesia del Santo Sepulcro fue fundada en el siglo IV d. C. Se cree que allí estuvo enterrado Cristo.

Verano de 1271
Marco, Niccolo y Maffeo llegan al puerto de San Juan de Acre, en Tierra Santa.

Septiembre de 1271
Teobaldo de Piacenza es nombrado papa y adopta el nombre de Gregorio X.

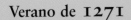

Las historias de Marco

Marco Polo escribió el libro que relata sus viajes años después de su regreso a Venecia. En 1298, Génova y Venecia estaban en guerra. Se disputaban el control de las rutas comerciales del Mediterráneo. Marco Polo, que por entonces tenía 44 años, estaba al mando de una galera veneciana. Su barco fue hundido y Marco fue hecho prisionero en Génova. Allí le contó sus viajes a Oriente a un compañero de celda, un escritor llamado Rustichello de Pisa. Ambos decidieron poner la historia por escrito. Al terminar la guerra, Marco regresó a casa con el manuscrito bajo el brazo.

Derecha: El libro de Marco Polo tuvo un gran éxito en Italia. Sus historias fueron traducidas al inglés y al francés. Las primeras copias impresas del libro aparecieron en 1477. La portada de la edición de la derecha es de 1529.

"IL MILIONE"

Durante un tiempo, el apodo de Marco Polo fue "Il Milione" (que significa "mil" en italiano), por las miles de mentiras que muchos creían que contaba en su libro. Actualmente, sigue abierto el debate de si Marco Polo hizo realmente todo lo que describe en él. En sus páginas habla de papel moneda, piedras negras que arden (el carbón) y galeras cinco veces más grandes que los buques de guerra venecianos. En el siglo XIV nadie había oído hablar de cosas semejantes.

Actualmente, sabemos que muchas eran ciertas, pero otras no, como los pájaros que cazaban elefantes.

Es posible que recogiera no sólo sus propias experiencias, sino también las historias que escuchó. Algunos historiadores no creen que Marco llegara a visitar China, pues en sus escritos no menciona la Gran Muralla. Otros dicen que sólo escribió sobre lo que le interesaba. Sus anotaciones sobre economía y comercio son, no obstante, muy valiosas.

Antes de la aparición de la imprenta, las copias ilustradas y escritas a mano de la obra de Marco eran muy populares. Estas ilustraciones se realizaron alrededor del año 1412 para la versión francesa del libro, titulado *Los viajes de Marco Polo*. Abajo, Marco, Niccolo y Maffeo se despiden de su familia en las puertas de Venecia en 1271. A la derecha, Marco, Niccolo y Maffeo salen de una ciudad de Oriente Medio camino de China.

Levando anclas

Los Polo partieron de los muelles de Venecia en 1271. Poco a poco, la ciudad y todo aquello que le era conocido al joven Marco fue quedando atrás, según su barco se adentraba en el mar. No volvería a su ciudad natal hasta 24 años más tarde, en 1295.

Arriba: En esta ilustración medieval, Marco, su padre Niccolo y su tío Maffeo, salen de Venencia para regresar 24 años después.

El barco en el que navegaban los Polo era rápido y estaba equipado con todo lo necesario para hacer frente a los piratas en caso de ataque. Los pasajeros también llevaban armas encima. Las tripulaciones de estos barcos solían robar a todo el que iba a bordo, pues sólo les pagaban cada tres meses.

Al llegar a San Juan de Acre, los Polo fueron en busca de Teobaldo de Piacenza. Tras obtener su permiso, fueron hasta Jerusalén para hacerse con el aceite del Santo Sepulcro. Esperaban que, a su vuelta, ya hubiera un nuevo papa, pero la decisión seguía postergándose. Esto trastocó los planes de los Polo, pues sólo el Papa podía darles permiso para llevar sacerdotes hasta China. Como ya habían perdido mucho tiempo, decidieron seguir el viaje.

Noviembre de 1271	**1271**
Los Polo salen de San Juan de Acre camino de Hormuz.	Kublai Kan proclama el inicio de la dinastía Yuan en China.

Derecha: El papa Gregorio X, tras ser elegido, le entrega a los Polo unas cartas para el Kublai Kan.

Al poco de partir, el propio Teobaldo fue elegido papa y adoptó el nombre de Gregorio X. Llamó a los Polo a su presencia en San Juan de Acre. Los bendijo y les asignó dos frailes para que los acompañaran a la corte de Kublai Kan, con la misión de enseñarle la doctrina cristiana. Los Polo, por fin, podían emprender su viaje.

Salieron con destino al puerto de Hormuz, desde donde los barcos solían cruzar el océano Índico hacia China. Pero nada salió como habían planeado. A medio camino, llegaron noticias de una guerra. Los frailes, temiendo por sus vidas, se negaron a continuar. Los Polo, en cambio, siguieron hacia adelante.

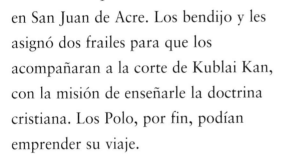

La elección del papa

Elegir un nuevo papa es un proceso muy largo. Para ello, todos los cardenales se reúnen a puertas cerradas en Roma y debaten sobre quién es el mejor candidato. El nuevo papa ha de ser elegido por una mayoría de dos tercios de los votos. Cuando se llega finalmente a un acuerdo, se enciende un fuego y sale humo blanco por una de las chimeneas de El Vaticano. Así se anuncia al mundo que ya hay un nuevo papa.

Estaban seguros de que el Gran Kan no se enfadaría si regresaban a su corte sin los sacerdotes prometidos. Así, haciendo caso omiso de las advertencias de guerra, los Polo pusieron rumbo a Hormuz.

1271

Egipto ataca Armenia. Esto asusta a los frailes que viajan con los Polo.

1271

El príncipe Eduardo de Inglaterra sale ileso de un intento de asesinato en Tierra Santa.

EL LARGO VIAJE

3

La travesía

De camino a China, los Polo atravesaron montañas y desiertos, grandes inundaciones y antiguas ciudades. Viajaron desde Venecia, la joya de Europa, hasta Khanbaliq, la capital del imperio de Kublai Kan. Esta última ciudad contaba con más población, riquezas y orden que Venecia.

Página anterior: Caravana de camellos en la Ruta de la Seda, según un detalle de un mapa medieval.

Abajo: En esta ilustración francesa, los Polo llegan a una posada bien protegida para pasar la noche.

El camino que siguieron los hermanos Polo fue similar al de la antigua Ruta de la Seda, que iba desde Europa hasta China. Llevaban su equipaje a lomos de burros, mulas, caballos y camellos. A veces, viajaban en grupo con otros mercaderes por motivos de seguridad, pero otras lo hacían en solitario.

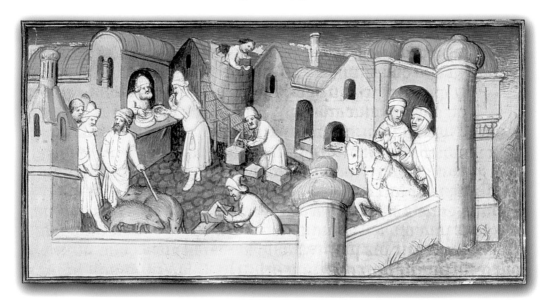

1272
Los Polo cruzan Bagdad.

1272
Los Polo son atacados por una tribu de ladrones conocida como los Caraunas.

Había días en los que llegaban a recorrer 30 kilómetros y, en otras ocasiones, no caminaban más que siete o nueve. Todo dependía del tipo de terreno que atravesaban y del tiempo.

Si tenían suerte, podían pasar la noche en alguna de las fondas o posadas de las antiguas ciudades. Éstas no solían ser más que pequeños cuartos hechos de piedra. En los patios, dormían los animales y sus cuidadores. Algunas posadas ofrecían grandes habitaciones compartidas donde los viajeros podían dormir.

Si la noche los sorprendía a mitad de camino, paraban a dormir bajo las estrellas o en sus tiendas, hechas con piel de animales. En los lugares más cálidos, buscaban los oasis, donde quedaban al cobijo de las palmeras y la vegetación. Allí se reunían formando un gran círculo y contaban historias, tocaban música o hablaban de las gentes que habían conocido y de los lugares por los que habían pasado.

En sus viajes, los Polo aprendieron a hablar distintas lenguas. Los encuentros con los nómadas, comerciantes y otros mercaderes les dieron la oportunidad de conocer nuevos destinos. A veces, las rutas que ya habían recorrido otros antes estaban marcadas con piedras. Siguiendo el sol y las estrellas, los más experimentados viajeros y comerciantes podían seguir hacia delante en la dirección adecuada.

Alimentos para el viaje

Los hermanos Polo llevaban provisiones de harina con las que podían hacer pan. Por el camino, cazaban o pescaban y así conseguían su alimento. Cocinaban en hogueras de carbón, madera o excremento de yak. También compraban quesos hechos con leche de yak, oveja o cabra. En los valles más fértiles, encontraban frutas y verduras.

1272
Eduardo de Inglaterra alcanza una tregua con los musulmanes en Tierra Santa.

1272
Los Polo llegan al puerto de Hormuz.

R U S I A

Serai

Mar Aral

Florencia
Venecia
Génova
Mar Adriático
Pisa
Roma

Mar Negro

Cáucaso

Mar Caspio

TURKMENISTÁN
(ARMENIA)

Baku

Bokara

ITALIA

GRECIA

Constantinopla
(Estambul)

Mt. Ararat ▲

TURQUÍA

Túnez

P E R S I A

Mosul

AFGANISTÁN

Mar Mediterráneo

Bagdad

Sava

San Juan de Acre

Jerusalén

Kerman

Á F R I C A

Golfo Pérsico

Hormuz

La ruta

Este mapa muestra el viaje de Marco Polo
desde Venecia hasta la capital de Kublai
Kan en Khanbaliq, en la actual China.
El viaje les llevó cuatro años, desde 1271
a 1275. En él, también se muestran los
viajes que realizó por Asia al servicio del
Kan. En 1292, Marco comenzó su viaje de
vuelta desde el puerto de Zaiton (Amoy), en
la costa de China. Llegó a Venecia en 1295.
Los historiadores no conocen cuál fue el
camino exacto que tomaron los Polo. Las rutas
que aparecen en este mapa se han reconstruido
gracias a las descripciones que Marco Polo recoge
en su libro.

A R A B I A

O C É A N O

Í N D I C O

Cuando Marco Polo hizo su
viaje, los europeos sabían
pocas cosas acerca del
Lejano Oriente. Los
comerciantes contaban
historias de Arabia e India,
pero las tierras que se
encontraban más al este
seguían siendo un
misterio. Se creía que
estos lugares estaban
habitados por seres
fantásticos, como los
unicornios.

MONGOLIA

Desierto de Gobi

Kashgar

Desierto de

Kotan

Lop

Shang-du

Khanbaliq (Beijing)

COREA

ASIA CENTRAL

CACHEMIRA

CHINA

TÍBET

Kinsay (Hangchow)

Zaiton (Amoy)

INDIA

*Golfo de
Bengala*

MYANMAR

SURESTE ASIÁTICO

LAOS

VIETNAM

Mar del Sur de China

Islas
Andaman

MALABAR

SRI LANKA

SUMATRA

BORNEO

JAVA

CLAVE

— Ruta de los Polo hacia
Khanbaliq (1271–1275)

— Viajes de Marco Polo bajo
el auspicio de Kublai Kan

— Ruta de los Polo de vuelta
a Venecia (1292–1295)

El camino a Hormuz

En su camino hacia Hormuz, Marco Polo quedó maravillado con los distintos pueblos que salían a su encuentro, los lugares que atravesaba y, sobre todo, los artículos con los que se comerciaba. Tiempo después, en su libro *Los viajes de Marco Polo*, recogió todas sus vivencias. Su relato ofrece una visión única de la vida en la Edad Media.

Viajaron por Turkmenistán (la actual Armenia), donde, según Marco: "Se tejen las alfombras más finas y hermosas del mundo". Éstas solían hacerse con pequeños telares portátiles que las tribus llevaban de un lado a otro cuando levantaban su campamento para buscar nuevos pastos para el ganado.

La zona al sur del Cáucaso estaba controlada por los mongoles de Persia, cuyo Kan era aliado de Kublai. Los cristianos podían practicar su fe en estas zonas, al igual que los judíos, los budistas, los zoroastrianos (que adoraban al fuego) y otros. Kublai creía que los pueblos conquistados tenían derecho a seguir manteniendo sus cultos.

Al dirigirse hacia el sur, camino del Kurdistán, pasaron por el Monte Ararat, donde se cree que quedó el

Una muerte terrible

Marco Polo cuenta que, en una ocasión, Bagdad cayó en manos de Alau, el hermano de Kublai. El jefe de Bagdad no había sido previsor y había dejado a la ciudad desprotegida. Todo ello a pesar de que tenía tantas joyas como para comprar a todos los soldados y las armas del mundo. Como castigo por el daño que había infligido a su pueblo, Alau lo encerró en una torre junto con sus tesoros y le dijo que, dado que amaba tanto sus riquezas, debía comérselas si quería seguir viviendo. La leyenda dice que el dirigente de Bagdad murió cuatro días más tarde con la boca llena de rubíes.

1273
El filósofo italiano Tomás de Aquino termina su obra *Summa Theologica*, que define la doctrina cristiana.

1273
Eduardo I es coronado rey de Inglaterra en la Abadía de Westminster.

Arca de Noé tras el diluvio universal. Marco Polo no fue a buscarla porque "la nieve en lo alto de las montañas cae incesantemente".

Fue aquí donde Marco Polo escuchó por primera vez historias sobre un aceite negro: "Este aceite no sirve para cocinar, pero sí para quemar, y cura la sarna de los camellos". Se trataba de los pozos de petróleo de Baku, de los que se sigue extrayendo este hidrocarburo en nuestros días. De ellos se obtiene la gasolina.

Siguieron su camino, pasando por Mosul, en el actual Irak, donde Marco Polo anotó que allí convivían en armonía muchas razas y religiones (árabes, cristianos nestorianos y kurdos) bajo el control de Kublai Kan.

Abajo: El Monte Ararat en la actual Turquía, donde se dice que quedó el Arca de Noé tras el diluvio.

1273
Los Polo cruzan la actual Afganistán.

1273
Se levanta en Granada el Palacio de la Alhambra, en la España musulmana.

Después viajaron hacia el sur pasando por Bagdad (la capital del actual Irak). Marco Polo pensó que se trataba de la ciudad más bella y "noble" de la región y dejó constancia en sus escritos de las maravillosas alfombras que se tejían en el lugar. Las caravanas de mercaderes traían tesoros desde el este, y sus camellos olían a especias y maderas perfumadas; las joyas repicaban a su paso y los elefantes ofrecían una vista maravillosa. Incluso los animales de carga iban cubiertos de seda y oro.

Marco Polo pasó cerca de la ciudad de Sava, en Persia, una de las cuatro regiones administrativas, o kanatos, del imperio mongol. Según cuenta la leyenda, desde allí partieron los tres reyes de Oriente a adorar a Jesús recién nacido. Marco Polo lo describió con entusiasmo, a pesar de no haberlo visto con sus propios ojos: "[Los tres reyes magos] están enterrados en este lugar y sus cuerpos han permanecido intactos, incluido el pelo y sus barbas".

Derecha: Un barco mercante con ganado llega al puerto de Hormuz.

1273
Los Polo atraviesan el Pamir, en Asia central.

1273
Muere el poeta persa Jalal ad-Din Rumi.

> *"En el verano, los vientos que recorren las arenas son tan calientes que podrían matar a cualquiera; pero, cuando los ven venir, las gentes se sumergen en agua hasta el cuello, hasta que el viento se desvanece."*
>
> **Anotación hecha por Marco Polo sobre Hormuz**

En Persia, Marco observó la abundancia de caballos. Posteriormente, escribió que "los llevan a la India para venderlos, pues se paga un buen precio por ellos". ¡Hasta un burro podía valer unas 30 monedas de plata!

Los Polo llegaron a Kerman, en el kanato de Persia, y descubrieron una piedra preciosa que no habían visto antes: la turquesa. A Marco también le impresionaron los exquisitos bordados de seda que hacían las mujeres de la región, como "cojines y perchas, además de todo tipo de cosas cubiertas de flores y pájaros".

Al llegar a las tierras de los temidos Caraunas, tribu de ladrones, los Polo se unieron a una gran caravana. Pensaron que, así, el viaje sería más seguro, pero hubo una violenta tormenta de arena y los ladrones atacaron en medio de la confusión. Los Polo consiguieron escapar, pero otros fueron capturados y vendidos como esclavos.

Finalmente, llegaron a Hormuz. En el puerto, observaron las embarcaciones árabes, o *dhows*, que estaban construidas sin clavos y con fijaciones de madera y largos bramantes retorcidos. Los Polo no se atrevieron a cruzar el océano Índico en tan frágiles embarcaciones y rodearon la costa india por tierra firme hasta China. Fue una decisión difícil, pues sabían que se exponían a terrenos arduos y difíciles.

1274
La primera invasión mongola de Japón llevada a cabo por el ejército de Kublai Kan termina en fracaso.

1274
Marco Polo come con los mongoles una carne cruda picada con ajo, lo que hoy se conoce como un filete tártaro.

Marco cae enfermo

Los Polo volvieron sobre sus pasos hacia Kerman, pero esta vez enviaron una partida de guardias por delante para que los protegieran de los bandidos. Después, se dirigieron hacia el noreste, actual Afganistán, y a un vasto desierto de sal.

Tardaron ocho días en atravesar el magnífico desierto de sal, donde no había árboles y donde el agua no sólo era amarga, sino que era peligroso beberla. A lo lejos, se alzaban las nevadas cumbres del Pamir. Mientras atravesaban estas áridas y secas llanuras, Marco Polo cayó enfermo con altas fiebres. Tanto, que no pudo seguir viajando. Para curarlo, usaron todo tipo de remedios locales hechos con hierbas, pero nada funcionó. Tras varios meses, su padre y su tío decidieron reemprender la marcha.

**Abajo: Caravana de camellos a los pies del Pamir.
Fue aquí donde Marco cayó enfermo.**

1274
Fallece Tomás de Aquino.

1274
Los Polo comercian con jade en Kotan,
Asia central.

Bucéfalo

Bucéfalo era el caballo preferido de Alejandro Magno (356–323 a. C.). Se lo había ganado a su padre, el Rey Filipo, tras asegurarle que podría domar al caballo más salvaje que encontrara. Alejandro, siendo aún niño, se acercó al animal. Lo giró suavemente, evitando que viera su propia sombra y se asustara. Entonces, saltó a sus lomos. Bucéfalo acompañó a Alejandro en todas sus campañas militares.

Después de un año, les aconsejaron que llevaran a Marco a lo alto de las montañas. Polo escribió más tarde que, si las gentes de los valles caían enfermas con fiebre, subían inmediatamente a las montañas para respirar aire puro. Al hacerlo, ¡él mismo se curó!

Las montañas, con su aire puro y sus arroyos repletos de truchas, eran un auténtico paraíso tras pasar por las áridas llanuras. Había allí otras riquezas, como una montaña de la que se extraía plata. Alejandro Magno, el gran líder griego del siglo IV a. C., había llegado a ese mismo lugar con su poderoso ejército. La leyenda cuenta que los hermosos caballos de estas tierras descendían de Bucéfalo, el caballo de Alejandro. Marco Polo también anotó que las mujeres de la región "eran las más bellas que había visto jamás".

Desde allí, se dirigieron al sur, cruzando la cadena del Hindu Kush y Cachemira. Luego, siguieron hacia el este, camino de China. Atravesaron las montañas de jade de Kotan y llegaron a Lop. Allí solían descansar los viajeros antes de adentrarse en el Desierto de Gobi.

Arriba: Recipiente ornamentado del año 1200, hecho en Kurasan, actual Afganistán.

1274
Un consejo eclesiástico regula la elección del papa.

Invierno de 1274
Los Polo hacen un alto en Lop antes de adentrarse en el desierto de Gobi.

El peligro de las arenas

La prueba de fuego para quienes recorrían esta parte de la Ruta de la Seda era el desierto de Gobi. Hasta en su punto más estrecho, se tardaba un mes en cruzarlo. La leyenda cuenta que estaba encantado, que allí vivían los *djins* (espíritus) y que unas voces extrañas engatusaban a los viajeros y los conducían hasta la muerte.

Mientras descansaba en una fonda en Lop, Marco escuchó terribles historias sobre el terreno seco y rocoso que se abría ante sí desde los confines de la ciudad. Se decía que las tormentas de arena borraban los caminos y los senderos. Pero a los Polo no les quedaba otra alternativa más que seguir hacia delante. Se adentraron así en tierras inhóspitas, donde la mente sufría alucinaciones. Allí no vivían animales y el agua escaseaba.

Abajo: Las arenas del desierto de Gobi que los Polo cruzaron en 1275.

Tiempo después, Marco Polo escribió: "Hay música en el aire y voces que repiten el nombre del viajero y lo llevan a senderos infranqueables para morir". La música de la que hablaba Marco Polo

1275
Comienzan los trabajos de reconstrucción de la Torre de Londres, Inglaterra.

Primavera de 1275
Los Polo cruzan el desierto de Gobi.

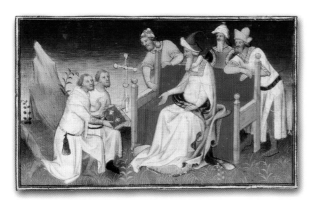

Arriba: Niccolo y Maffeo Polo, de rodillas, entregan
a Kublai Kan la Biblia del papa Gregorio X.

en sus notas podría haber sido,
realmente, el rumor del viento
entre las rocas o, incluso, el
sonido de las dunas al cambiar
de forma. El Gobi era un lugar
muy temido. El camino lo
marcaban los huesos
blanquecinos de los hombres
que no habían conseguido salir

de él. Cuando los Polo llegaron al final del desierto, habían pasado casi
cuatro años desde que habían salido de Venecia.

Kublai Kan supo, gracias a los guardias que tenía apostados en la
frontera, que los Polo estaban de camino y envió a una escolta en un viaje
de 40 días para salir a su encuentro. Los guerreros mongoles le dieron la
bienvenida a los Polo y los condujeron por el norte de China hasta Shang-
du, el palacio de verano, donde el Kan los aguardaba. Corría el mes de
mayo de 1275.

Los Polo se postraron al encontrarse ante su presencia. Kublai se alegró
de verlos y no dejó de hacerles preguntas sobre su viaje. Se sintieron
aliviados al ver que el Kan no les culpaba por haber tardado más tiempo del
esperado en cumplir su promesa. Le dieron el aceite que habían recogido y
unas cartas del papa. El Kan quedó satisfecho con los regalos. Luego se fijó
en el ambicioso joven que los acompañaba y les preguntó quién era. Según
lo recogido en *Los viajes de Marco Polo*, Niccolo respondió:

"Éste es mi hijo y vuestro servidor, mi Señor".

"Entonces, también es bienvenido," dijo el más poderoso de los kans.

Primavera de 1275
Los Polo llegan a las fronteras del
Imperio del Gran Kan.

Mayo de 1275
Marco, Niccolo y Maffeo llegan al
palacio de verano de Kublai Kan en
Shang-du.

AL SERVICIO DE KUBLAI KAN

4

En la corte del Kan

El Impero mongol estaba dividido en cuatro regiones o kanatos: el de las Hordas Doradas de Rusia; el de Persia; el de Chagtai, en Asia central; y las tierras de Kublai Kan al este. Kublai era el kan de mayor edad y gobernaba el Gran Kanato, que se extendía desde Corea hasta el Tíbet, y desde Myanmar, en el sur, hasta el lago Baikal, en el norte.

Arriba: El gran Kublai Kan (1215–1294), líder de los mongoles en China.

Página anterior: Pintura del siglo XVIII que muestra a Marco Polo con un traje mongol. En la mano, sostiene el poderoso arco curvo utilizado por los mongoles para cazar o hacer la guerra.

Los Polo fueron bienvenidos en Shang-du. Allí, en medio de un vasto coto de caza repleto de ciervos y otros animales, Kublai Kan levantó una enorme y ornamentada tienda sujeta con cuerdas de seda plateada y un techo de bambú laqueado de colores. El Kan seguía siendo un nómada de corazón, como sus ancestros de Asia central. Cuidaba de unos 300 halcones entrenados para dar caza a pequeños animales y de cientos de perros.

En diciembre, la corte se trasladó al palacio de invierno de Khanbaliq. Marco Polo se quedó sorprendido al ver la cantidad de gente que vivía en la ciudad y el marcado sentido del orden que había en ella. Las tiendas y los talleres de los orfebres, joyeros, sastres y artesanos se concentraban en distintas partes de la ciudad. El palacio de invierno se encontraba en el corazón del lugar.

1276

Niccolo y Maffeo Polo comercian en China.

1277

Kublai Kan envía un ejército a la actual Myanmar y derrota al rey de Mien.

Izquierda: Kublai Kan (centro) cazando a caballo con su corte, incluida una de sus esposas (con la cara pintada de blanco). Esta pintura sobre seda la realizó su pintor de cámara, Liu Kuan-Tao. Los dirigentes mongoles fomentaron siempre las artes chinas.

En su libro, Marco cuenta que el palacio estaba lleno de esculturas y cuadros. En el interior se ubicaban las habitaciones privadas del Kan y de sus esposas y amantes. Cada una de sus cuatro esposas tenía 10 000 criados y 300 damas de compañía.

En él, también retrata a una sociedad ordenada donde los gobernadores chinos controlaban las provincias con la ayuda de concejales locales. El Gran Kan era el que tenía la última palabra. Tenían un sistema de seguridad social, establecido años antes por los chinos, que proveía de comida y vestido a los más pobres, y un servicio postal con el que se podían enviar cartas a cualquier parte.

Kublai Kan

El Kublai Kan era un dictador. Podía ser despiadado y ordenar la ejecución de los traidores sin pensárselo dos veces. Pero también era famoso por su tolerancia hacia otras culturas y religiones. Cuando Marco Polo lo conoció, el Kan tenía 60 años. Sus ojos negros revelaban un tímido sentido del humor. Como al resto de su pueblo, al Kan le encantaban los caballos.

1278
Kublai Kan permite la construcción de tres iglesias cristianas nestorianas en el Gran Kanato.

1279
Kublai Kan derrota al Imperio Song de China y se convierte en el único dirigente de aquellas tierras.

Los mongoles

Los mongoles eran un grupo de tribus nómadas procedentes de las praderas de la actual Mongolia, en Asia central. A comienzos del siglo XIII, Gengis Kan, el abuelo de Kublai, unificó las tribus y creó uno de los mayores imperios que el mundo jamás ha conocido. Llegó a extenderse desde Corea, en el este, hasta Hungría y Turquía en el oeste. Rusia, Polonia, Prusia y la gran China quedaron también bajo su dominio. Así, unos 200 000 mongoles llegaron a gobernar un imperio compuesto por 100 millones de personas.

Arriba: Los mongoles eran un pueblo nómada que iba de un lugar a otro en busca de tierras de caza y pastos frescos. En esta ilustración del siglo XIV, se ven las yurtas (tiendas) hechas de fieltro ornamentado y unas mujeres cocinando.

Arriba: Miniatura persa del siglo XIV que muestra a Gengis Kan (hacia 1155–1227) en su trono rodeado de sus cortesanos. Gengis Kan fue un dirigente cruel. Se convirtió en líder de una federación de tribus mongolas en 1206. En menos de 20 años, sus ejércitos arrasaron los estados musulmanes de Asia central y conquistaron gran parte del norte de China.

Derecha: El ejército mongol era rápido y cruel. Cada hombre iba armado con dos arcos, un hacha y una espada. Sus tácticas al asediar una ciudad eran muy simples: si el pueblo se negaba a rendirse, quemaban la ciudad; después, masacraban a los habitantes, salvo a unos pocos a los que dejaban libres para advertir al resto de las poblaciones vecinas de que la muerte y la destrucción iban a llamar a su puerta.

EL IMPERIO MONGOL

CLAVE

IMPERIO DEL GRAN KAN

KANATO DE CHAGATAI

KANATO DE PERSIA

KANATO DE LAS HORDAS DORADAS

Tras la muerte de Gengis Kan, sus descendientes continuaron su labor y extendieron el imperio, imponiendo la ley y el orden en todas las tierras sometidas. El imperio estaba unido mediante un magnífico sistema de comunicaciones. Siempre había un jinete preparado para ir hasta los lugares más remotos y comunicar las últimas noticias, desde Khanbaliq, en el este, hasta Ucrania, en el oeste. Los mongoles eran famosos por su tolerancia hacia las religiones y las costumbres de los pueblos que conquistaban. Ellos adoraban al cielo y a las fuerzas de la naturaleza, pero en China muchos se convirtieron al budismo. Como la mayoría de los nómadas, su producción artística era reducida, pero fomentaban las artes de los pueblos conquistados. Marco Polo llegó a la corte de Kublai Kan en tiempos pacíficos.

Marco, el espía

Arriba: Los chinos utilizaron flechas de fuego contra los mongoles. Es posible que también utilizaran la pólvora por primera vez en sus batallas contra el invasor.

Marco aprendió las costumbres y la lengua de los mongoles y pasó a ser el favorito de Kublai. El gobernante admiraba su rapidez mental e inteligencia y decidió emplearlo como espía, actuando como sus ojos y sus oídos en las distintas partes de su imperio. Niccolo y Maffeo, bajo la protección del Kan, siguieron trabajando como mercaderes.

En 1275, Kublai Kan envió a Marco en su primer viaje por el Gran Kanato. A su regreso, Marco le habló de las extrañas costumbres de los pueblos que había conocido. Kublai Kan quería conocer hasta el más mínimo detalle porque sabía que a mucha gente que había quedado bajo su mandato no le gustaba que un extranjero la gobernara.

Marco viajó luego hasta el sur de China. Se adentró en la actual Myanmar y Vietnam y, sin parar un momento, cruzó el árido interior chino y llegó a los puertos costeros. Quedó maravillado con lo que vio.

Hacia 1280
Marco llega a Vietnam.

1280
Liu Kuan-Tao, pintor de cámara, retrata a Kublai Kan.

"*Todos los días, hasta que creman el cuerpo, colocan ante el cadáver una mesa rebosante de comida y bebida, a veces durante seis meses. Llenan el féretro de alcanfor y especias para evitar la corrupción del cuerpo.*"

Esto escribió Marco acerca de los ritos funerarios del norte de China en *Los viajes de Marco Polo*

Marco Polo trataba de recordar todo lo que veía y no dejaba de tomar notas. Su libro es el primer relato detallado de la cultura china escrito por un europeo. En él se recogen datos sobre los nacimientos y los enterramientos locales. Marco Polo dejó anotado que, cuando un niño nacía en China, los astrólogos "anotaban el día y la hora, el planeta y la estrella bajo la que el nacimiento había tenido lugar, pues afirmaban que podían leer el futuro a partir de estos datos."

A su regreso, Marco tenía un montón de cosas que contar a Kublai Kan. La relación que había entre ellos era de padre e hijo.

Arriba: Este jarrón azul con un dragón blanco fue realizado en China durante la dinastía Yuan. Este tipo de recipientes era el utilizado por las familias más ricas para guardar los restos de sus difuntos.

Hacia 1282

Aparece en Hereford, Inglaterra, el *Mappa Mundi* (mapa del mundo), en el que se mostraba el mundo conocido hasta entonces por los europeos.

Hacia 1285

Marco parte de Zaiton y desciende por la costa de China.

La madre de Kublai Kan

La madre de Kublai Kan, Sorghaghtani Beki, era analfabeta, pero se esmeró para que sus hijos recibieran educación. Cada uno de ellos aprendió el idioma de la zona del imperio que iba a gobernar. Se aseguró también de que respetaran y conocieran las religiones de los pueblos que dirigirían. Les enseñó que explotar a los pueblos conquistados no era bueno. Así, el reino de Kublai Kan se caracterizó por la tolerancia religiosa, el fomento de la economía local y el control de los gobernantes locales chinos.

Las partes más emocionantes del libro de Marco Polo son las que describen las ciudades en las que Kublai Kan tenía sus palacios. Kinsay (la Ciudad de los Cielos), que es la actual Hangchow, era un magnífico lugar rodeado de agua, como Venecia. Pero aquí acaba la comparación. En Kinsay se habían levantado 12 000 puentes de piedra tan altos que una flota entera de barcos podía navegar por debajo de ellos.

La ciudad acogía a doce gremios de artesanos que ocupaban 12 000 edificios. En cada uno de ellos, trabajaban constantemente 12 artesanos que fabricaban cadenas de oro y plata, joyas, piezas de porcelana, artesanía, armaduras, vestidos de seda y armas. Las calles de la ciudad estaban pavimentadas y destacaba el sistema de alcantarillado por donde se eliminaban los desechos. Marco Polo se sorprendió al descubrir que las gentes de Kinsay se bañaban hasta tres veces al mes en uno de los 3 000 baños comunales de la ciudad, pues, en Europa, el baño no era una actividad muy común.

En 1285, Marco Polo se embarcó en el puerto de Zaiton y, tras pasar por Java, llegó al reino de Basma, en la isla de Sumatra, donde escuchó

1286
Fallece la reina Bolgana en Persia.

1287
El ejército de Kublai Kan llega a Myanmar.

Izquierda: Un grupo de buceadores recoge perlas en la costa de Malabar, al suroeste de la India, tal como describió Marco Polo en su libro.

historias sobre animales que más tarde describió como unicornios: "Son casi tan grandes como elefantes, con pelo como el de los búfalos, patas como las de los elefantes y un cuerno en mitad de la frente". Probablemente, se trataba de rinocerontes.

Desde Sumatra, fue hasta la actual Sri Lanka. Allí vio una enorme estatua de Buda y un rubí del tamaño de un puño que pertenecía al rey. ¡Ni el mismísimo Kublai Kan podía comprarlo! Marco habla en su libro de las palmeras de sagú, del alcanfor, de los pimientos y de una gran variedad de especias. Luego, viajó hasta la India y vio a los pescadores de perlas de Malabar sumergirse entre las olas; y oyó hablar de un hombre con cabeza de perro que vivía en las Islas Andaman y que devoraba a todo el que se ponía a su alcance.

Durante 17 años, Marco Polo viajó, observó y registró todas sus experiencias, como si fuera los ojos de Kublai Kan. Su cargo y su reputación dependían de su memoria y de las notas que tomaba en el camino.

1287

El primer embajador de Persia llega a Europa.

1291

Los musulmanes ocupan San Juan de Acre, el último bastión cristiano en Tierra Santa.

De vuelta a casa

Kublai Kan había cumplido 77 años. Niccolo y Maffeo también se estaban haciendo mayores y querían regresar a casa antes de que fuera demasiado tarde. Sin embargo, según los escritos de Marco Polo, Kublai no estaba dispuesto a dejarlos marchar.

Los tres venecianos se habían hecho con gran cantidad de joyas, gracias a las ganancias que habían obtenido en sus intercambios comerciales. Le habían pedido a Kublai Kan, en varias ocasiones, que los dejara regresar a Venecia, pero éste se negaba. Los Polo sabían que, si el Kan moría, sus vidas correrían peligro y tal vez nunca pudieran regresar a su hogar. Muchos de los cortesanos estaban celosos de su amistad con el dirigente mongol, pero la suerte les iba a favorecer.

La reina Bolgana, esposa de Argun, dirigente del kanato de Persia y sobrino nieto de Kublai, había muerto. Los embajadores de Persia llevaron la noticia de que su último deseo había sido que la próxima esposa de Argun fuera de su clan real. Kublai accedió a que una de las princesas reales, Kokachin, de 17 años, se convirtiera en la esposa de su sobrino nieto.

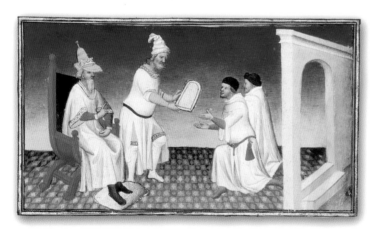

Izquierda: Kublai Kan (izquierda) le ofrece a los Polo un pasaporte oficial para salir del Gran Kanato.

1292	1292
Los embajadores persas llegan a Khanbaliq con un mensaje de Argun, el Kan de Persia.	Los Polos se embarcan en el puerto de Zaiton con la princesa Kokachin.

Arriba: Las mujeres mongolas, como la princesa Kokachin, portaban joyas como este brazalete del siglo XIV.

La reina Bolgana

La reina Bolgana era una mujer muy inteligente y muy bella. Se había casado en primeras nupcias con Abaka, padre de Argun. A su muerte, conforme a las costumbres de los mongoles de la época, contrajo matrimonio con su hijo Argun. La princesa que la sucedió, Kokachin, era también una joven bella, inteligente y encantadora.

Los embajadores persas trataron de regresar a casa con la princesa, pero las tribus guerreras que encontraron a su paso los obligaron a dar media vuelta y se negaron a reemprender la marcha sin la ayuda de un guía. Niccolo y Maffeo se reunieron en secreto con los embajadores y les ofrecieron sus servicios. Marco acababa de regresar de la India y los embajadores quedaron impresionados con su experiencia en el mar. Así pues, le pidieron a Kublai Kan que los Polo escoltaran a la princesa hasta la corte de su futuro marido.

El Gran Kan llamó a los Polo ante su presencia. Les dio dos tablas de oro que habrían de servirles de salvoconducto en sus tierras. Reunió, además, una flota de barcos equipada con todo lo necesario para un viaje de dos años. Antes de partir, les hizo prometer que regresarían, una vez la princesa hubiera llegado sana y salva a su destino. Tras hacer los preparativos necesarios y recopilar todos sus tesoros, los Polo abandonaron China. Sería la última vez que Marco vería a Kublai Kan.

1292
Génova destruye a la armada pisana y se convierte en el principal rival comercial de Venecia en el Mediterráneo.

1293
Derrota de la expedición mongola a Java para adueñarse del comercio de las especias.

Arriba: El viaje de regreso a casa estuvo cargado de sorpresas. En esta ilustración recogida en una edición francesa del libro de Marco Polo, dos barcos se ven azotados por las aguas en medio de una fuerte tormenta mientras intentan rescatar a unos náufragos cerca de la isla de Java.

En el puerto de Zaiton, los Polo contemplaron los 13 barcos que el Kan había puesto a su disposición. Eran enormes, con cuatro mástiles cada uno, sesenta cabinas y una tripulación de unos 250 hombres. La flota navegó en dirección sur durante dos meses. Recorrieron 2 400 kilómetros desde el Mar de China hasta Vietnam. En la isla de Java, uno de los núcleos del comercio de las especias, quedaron atrapados a causa de las lluvias torrenciales durante la época de los monzones.

Es posible que también se toparan con barcos piratas en los alrededores. Después, pusieron rumbo al noroeste, hacia las islas de Andaman, y recorrieron 1.600 kilómetros, desde el golfo de Bengala hasta Sri Lanka. Navegaron por la costa de India y el océano

1294
Los Polo llegan a Kerman con la princesa Kokachin. Ésta se casa con Gazan, el nuevo dirigente del kanato de Persia.

1294
Fallece Kublai Kan.

Índico hasta llegar a Hormuz. Habían pasado dos años desde su partida. En el camino, unas 600 personas, entre pasajeros y tripulación, habían muerto a raíz de las tormentas, los accidentes, los ataques de piratas y las enfermedades. Sólo uno de los embajadores persas había sobrevivido al viaje. Afortunadamente, ninguno de los Polo ni de las doncellas habían perdido la vida. Pero, como ya había ocurrido en el pasado, Hormuz fue un pozo de mala suerte para los Polo. Allí se enteraron de que Argun, el novio, había muerto. La princesa a la que habían escoltado y protegido durante dos años no tenía ya con quien casarse.

El embajador persa y los Polo llegaron a la conclusión de que el hijo del príncipe fallecido, Gazan, tenía que casarse con Kokachin.

Así, escoltaron a la joven princesa por toda Persia hasta llegar a Kerman, donde los esperaba el nuevo novio. Kokachin se quedó muy triste al despedir a los tres venecianos que la habían acompañado durante tan largo viaje, y lloró mientras los miraba partir.

Por fin, los Polo podían volver a casa. Pero entonces se enteraron de que Kublai Kan había muerto. Tenía 79 años. Se avecinaban tiempos sombríos en Asia central. La época dorada del Imperio mongol había tocado a su fin. Los Polo ya no podrían regresar jamás a China.

¡Piratas!

Los mares del sureste asiático estaban controlados por grupos de piratas muy bien organizados. Reunían unos veinte o treinta barcos y salían en busca de navíos mercantes. Los piratas navegaban dejando una distancia de entre 8 y 10 kilómetros entre barco y barco, y podían llegar a cubrir, así, una extensión de 160 kilómetros. Cuando uno de ellos divisaba un navío, hacía señales de humo al resto para que conocieran su posición en las aguas y emprendieran el ataque.

1295
Gazan se convierte al Islam.

1295
Los Polo llegan a Venecia.

El regreso de los viajeros

Desde Kerman, los Polo tardaron varios meses en llegar a Venecia. Los tres hombres se habían acostumbrado a contemplar la magnificencia de las ciudades chinas. Las ciudades y pueblos por los que ahora viajaban no eran tan impresionantes como aquellas. Habían pasado 24 años desde que vieron Venecia por última vez. Desde aquel entonces, Marco Polo había pasado de ser un niño de 15 años a un hombre de 39.

Arriba: Retrato mural de Marco Polo ya anciano, hecho por Varese en el siglo XVI.

Los Polo llegaron, finalmente, a su casa en el barrio veneciano de Cannaregio. Al llamar a la puerta y pedir paso, los criados no los reconocieron. Los tres hombres tuvieron que convencer a su propia familia de que bajo su aspecto curtido eran, en realidad, Niccolo, Maffeo y Marco.

La leyenda cuenta que se celebró una gran cena para festejar su retorno. Los tres aventureros, que seguían vistiendo ropas harapientas, no tenían pinta de haber amasado una fortuna en todos los años que habían pasado lejos de su hogar. Finalmente, los Polo se pusieron en pie y se quitaron las chaquetas. Para sorpresa de sus familiares, cogieron un cuchillo y rasgaron sus vestidos. De

1298
Marco es capturado por los genoveses. Comienza a dictar la historia de sus viajes.

1299
Marco sale de prisión. Empiezan a circular copias de sus libros.

ellos empezaron a caer diamantes, esmeraldas, rubíes, topacios y zafiros. Habían acumulado todas estas joyas en sus más de 20 años comerciando al servicio de Kublai Kan.

Poco más se conoce de la vida posterior de Marco Polo. Los archivos de la ciudad tan sólo lo mencionan en un par de ocasiones. Se sabe que se casó con una rica veneciana, llamada Donata Badoer, y tuvo tres hijas: Fantina, Bellala y Moreta. Se sabe que siguió comerciando desde Venecia. En 1298, estuvo al mando de un barco de guerra veneciano que se enfrentó a los genoveses por el dominio de las rutas comerciales del Mediterráneo. Finalmente, fue capturado y hecho prisionero, pero pudo pedirle a su padre que le enviara sus cuadernos de notas. Así, mientras estuvo en prisión, pudo escribir acerca de sus aventuras.

Marco Polo murió en 1324, a la edad de 70 años. Para entonces, ya no era un hombre rico. En su testamento, dejaba todo lo que le quedaba a sus tres hijas y disponía que Pedro, su esclavo mongol que lo había acompañado hasta Venecia, fuera puesto en libertad. En el lecho de muerte, sus amigos le pidieron que se confesara y dijera que las historias que contaba en su libro no eran ciertas. Tenían miedo de que muriera en un mar de mentiras. Pero Marco Polo se limitó a contestar: "No he contado más que la mitad de todo lo que he visto".

Arriba: El 9 de enero de 1324 Marco Polo hizo testamento. Dejó lo que quedaba de su fortuna a sus tres hijas.

Hacia 1300

Marco se casa con Donata Badoer. El matrimonio tiene tres hijas.

1324

Marco Polo muere en Venecia.

El legado de Marco Polo

Arriba: Las notas bancarias eran comunes en China desde el siglo x. Comenzaron a expedirse por el peligro que suponía ir con cargamentos de metales preciosos de un lugar a otro. En Europa no se emplearon hasta 1660. La de la fotografía corresponde a la primera partida de papel moneda emitida por Kublai Kan en 1260.

Nadie sabe qué aspecto tenía Marco Polo, si tenía mal genio o era amable, ni si llegó a casarse en China. Y nunca lo sabremos. Lo importante es el gran legado que dejó tras él.

Marco Polo no fue el primero en recorrer las tierras que describió, pero sí fue el primero en recoger con detalle las rutas que siguió a través de Persia, el Pamir, el desierto de Gobi, y los ríos y los barrancos de China. No sólo contó una maravillosa historia de aventuras y coraje, sino que también dejó un material de valor incalculable para los comerciantes y viajeros que siguieron sus pasos. En sus notas, destacó los lugares donde podían encontrarse riquezas y advirtió de todos los peligros humanos y naturales que podían salir al encuentro de los viajeros.

Marco Polo fue el primer europeo en describir el fascinante mundo de China y Oriente. También fue el primer europeo en mencionar a Japón. En sus escritos recoge datos sobre el Tíbet, Myanmar, Laos, Vietnam, India, Sumatra y Sri Lanka. Escribió acerca de las costumbres, formas de vida y objetos que utilizaban los pueblos que conoció. Fue también el primer occidental

1368
Los mongoles son expulsados de China.

1477
Aparece la primera edición impresa del libro de Marco Polo.

Izquierda: **Mapa de China hecho en Europa en 1459 siguiendo las descripciones hechas por Marco Polo del imperio de Kublai Kan. Marco fue el primer europeo en escribir sobre China.**

en escribir acerca del carbón, el papel moneda y la pólvora. Los europeos supieron de la porcelana gracias a él.

Los viajes de Marco Polo era el relato más completo del mundo escrito por un europeo hasta ese momento y dio paso a la fascinación europea con Oriente que ha llegado hasta nuestros días. Su libro animó a otros muchos a conocer mundos que se extendían más allá de las fronteras conocidas.

Ciento cincuenta años después de la muerte de Marco Polo, un capitán de barco oyó hablar de sus relatos y quedó maravillado. Deseaba llegar a Japón, pues Marco había dicho que era una tierra rica en oro. Emprendió así un viaje en barco en dirección al oeste para llegar a aquel país por el este. El nombre de este capitán era Cristóbal Colón; no llegó a Japón, finalmente, pero descubrió un nuevo continente: América.

1492
Cristóbal Colón descubre América.

2006
La Ruta de la Seda se convierte en un lugar turístico muy popular.

Glosario

asediar: rodear una ciudad y obligar a que su población se rinda.

bambú: planta tropical.

budista: persona que sigue las enseñanzas de Buda (hacia 566–480 a. C.), quien creía que los seres humanos se reencarnaban una y otra vez (renacimiento y muerte), salvo que consiguieran la libertad por medio de la sabiduría y la paz.

canal: curso de agua artificial.

cardenales: los miembros de mayor rango dentro de la Iglesia Católica Romana, por debajo del papa.

convoy: grupo de barcos de suministro escoltados y protegidos por navíos de guerra.

cruzadas: guerras emprendidas por los ejércitos cristianos en la Edad Media para recuperar la Tierra Santa de los musulmanes.

dhow: embarcación hecha de madera, utilizada especialmente en el mar de Arabia.

dictador: dirigente no electo que ostenta un poder absoluto sobre su pueblo.

dinastía: familia de dirigentes.

djin: espíritu malintencionado de los mitos y las historias árabes.

dux: título del dirigente de Venecia en tiempos de Marco Polo.

Edad Media: período en la historia europea que se extendió desde el año 1000 hasta el 1500, también conocido como el medievo.

embajador: funcionario enviado por un rey o un estado como representante suyo ante un reino o estado extranjero.

embalsamar: conservar un cadáver con especias dulces.

enviado: mensajero oficial enviado por un territorio a otro.

enviado papal: representante del papa en un país fuera de Italia.

exótico: distinto e interesante.

galeón: barco grande.

galera: barco impulsado con remos.

Génova: puerto italiano. En tiempos de Marco Polo era un estado independiente muy poderoso que competía con Venecia por el control de las rutas comerciales del Mediterráneo.

góndola: embarcación ligera utilizada en Venecia para transportar personas a lo largo de los canales.

gremio: sociedad, normalmente de artesanos, establecida para defender sus intereses comunes.

Imperio bizantino: parte oriental del Imperio romano, que surgió a la caída de éste. Se extendió desde el año 330 a. C. hasta 1453.

kanato: cualquiera de las cuatro regiones administrativas del Imperio mongol, gobernadas por un kan, o jefe.

mítico: dicho de un mito, una leyenda o un cuento de hadas; algo que no es real.

mongol: dicho de los pueblos de la región de Mongolia, en Asia central. Los mongoles eran pueblos nómadas que adoraban a dioses de la naturaleza. A principios del siglo XIII, bajo el liderazgo de Gengis Kan y sus sucesores, alcanzaron su máximo apogeo, construyendo el mayor imperio que el mundo ha conocido.

mosaico: cuadro hecho con pequeñas piedras o piezas de cristal.

musulmán: seguidor de la religión del Islam. Es una religión monoteísta (que adora a un único dios) que sigue los dictados de su profeta, Mahoma.

nestorianismo: iglesia cristiana predominante en Asia, fundada por Nestorius de Constantinopla en el siglo V d. C.

nómada: persona que se traslada de un lugar a otro con su ganado en busca de nuevos pastos.

oasis: tierra fértil y abundante de agua en el desierto.

papa: cabeza de la Iglesia Católica Romana. Vive en El Vaticano, Italia.

pasaporte: documento que garantiza que el titular está avalado por alguien o un país en el país extranjero al que viaja.

pirata: persona que ataca un barco en el mar y le roba todo lo que lleva a bordo.

postrarse: mostrar respeto a un dirigente bajando la cabeza ante su presencia.

Ruta de la Seda: red de rutas comerciales que recorrían Asia central, y que unían el Mediterráneo (en el oeste) con China, en el este. Se desarrolló en el siglo II a. C.

seda: tela hecha con las fibras e hilos de los capullos que forman los gusanos del mismo nombre.

Tierra Santa: región en la costa este del Mediterráneo donde vivió y murió Cristo. Es también el hogar de los judíos y donde se encuentran muchos de los lugares santos de los musulmanes.

yurta: tienda de fieltro que aún hoy utilizan los mongoles. Es de fácil transporte.

zoroastriano: persona que sigue las enseñanzas religiosas del profeta persa Zoroastro, que vivió en lo siglos VII y VI a. C.

Bibliografía

Humble, Richard, *Marco Polo*, Weidenfeld & Nicolson, Londres, 1975

Jackson, Peter, *The Mongols and the West 1221–1410*, Longman, Harlow, Essex, 2005

Larner, John, *Marco Polo and the Discovery of the World*, Yale Nota Bene, New Haven, Connecticut, 2001

Polo, Marco, *The Travels of Marco Polo: The Complete Yule-Cordier Edition*, 2 volúmenes, Dover Publications, Mineola, Nueva York, 1993

Wood, Frances, *Did Marco Polo Go to China?*, Westview Press, Nueva York, 1998

Wood, Frances, *The Silk Road: 2,000 Years in the Heart of Asia*, University of California Press, Berkeley, 2003

Fuentes de las citas:

p. 37 *The Travels of Marco Polo: The Complete Yule-Cordier Edition*, Polo, Marco, 1993

p. 49 *The Travels of Marco Polo: The Complete Yule-Cordier Edition*, Polo, Marco, 1993

Información sobre los tiempos de Marco Polo en Internet:
http://es.wikipedia.org/wiki/Marco_Polo
Una biografía muy completa de Marco Polo, con enlaces a sus viajes más destacados.

http://icarito.aconcagua1.copesa.cl/icarito/2005/04/pag3.htm
La vida y los viajes de Marco Polo con un sinfín de imágenes y datos.

http://www.metmuseum.org/explore/Marco/journey.html
Artefactos conservados en el Metropolitan Museum of Art de Nueva York, relacionados con los viajes de Marco Polo.

http://www.proel.org/alfabetos/mongol.html
Un interesante sitio sobre el Imperio mongol y su alfabeto.

http://www.portalplanetasedna.com.ar/mongoles.htm
Mucha información sobre el Imperio mongol

Índice alfabético

Agradecimientos

i = inferior, s = superior

Cubierta Luisa Ricciarini Photo Agency/Luigino Visconti/Palazzo Tursi, Génova; **1** Archivos Scala, Florencia/HIP/Oxford Science Archive; **3** The Art Archive; **7** AKG-images/Schutze/Rhodemann; **8** Archivos Scala, Florencia/Fondazione Querini Stampalia; **9** AKG-images/Cameraphoto; **11** AKG-images/ Bibliotheque Nationale, París; **12** John Heseltine; **13** Archivos Scala, Florencia; **14s** Archivos Scala, Florencia; **14i** AKG-images/Cameraphoto, Venecia; **15s** Archivos Scala, Florencia/Museo dell'Arte Vetraria, Murano; **15i** Archivos Scala, Florencia/Museo Correr; **16** The Bridgeman Art Library/Musée Paul Dupuy/ Giraudon; **17** The Bridgeman Art Library/Bibliotheque Nationale, París; **19** Archivos Scala, Florencia/ Museo Civico, Bolonia; **20–23** The Art Archive; **24s** British Library; **24i** AKG-images; **25** AKG-images/ Bibliotheque Nationale, París; **26** The Art Archive; **27** AKG-images/Bibliotheque Nationale, París; **29** The Art Archive/Bibliotheque Nationale, París; **30** AKG-images/Bibliotheque Nationale, París; **32** AKG-images/Bibliotheque Nationale, París; **35** Corbis/Reza/Webistan; **36** AKG-images/Bibliotheque Nationale, París; **38** Corbis/Alison Wright; **39** Archivos Scala, Florencia/British Museum, Londres; **40** Corbis/Steve Bein; **41** AKG-images/Bibliotheque Nationale, París; **43** The Bridgeman Art Library/ Museo Correr/Giraudon; **44** The Art Archive; **45** The Bridgeman Art Library/Museo Nacional del Palacio, Taipei; **46–47** AKG-images/Bibliotheque Nationale, París; **48** Royal Asiatic Society; **49** AKG-images/ Musée Guimet, París; **51** The Art Archive; **52** AKG-images/Bibliotheque Nationale, París; **53** The Art Archive; **54** AKG-images/Bibliotheque Nationale, París; **56** The Bridgeman Art Library/Villa Farnese, Lazio; **57** The Bridgeman Art Library/Colección privada; **58** The Bridgeman Art Library/Colección privada; **59** The Art Archive/Biblioteca Nazionale Marciana, Venecia.